·趣解中国传统文化·

趣解

史记

天子诸侯

张峥 编
翰墨漫童 绘

吉林出版集团股份有限公司
全国百佳图书出版单位

图书在版编目（CIP）数据

趣解《史记》. 天子诸侯 / 张峥编 ; 翰墨漫童绘. --
长春 : 吉林出版集团股份有限公司, 2023.1
ISBN 978-7-5731-2588-0

Ⅰ. ①趣… Ⅱ. ①张… ②翰… Ⅲ. ①《史记》—儿童
读物 Ⅳ. ①K204.2-49

中国版本图书馆CIP数据核字（2022）第188476号

目录

趣解

《史记》

五帝之首——黄帝

黄帝者，少典之子，姓公孙，名曰轩辕。生而神灵，弱而能言，幼而徇齐，长而敦敏，成而聪明。

作为中国上古时代的五帝之首，黄帝为何被尊为华夏“人文初祖”？他究竟为我们做了哪些贡献呢？

❶ 部落首领

指原始部落的领导者，例如上古时期的“三皇”“五帝”，实际上都是远古部落联盟的首领。

五帝之首——黄帝

黄帝是五帝之首。他是少典氏的子孙，姓公孙，名轩辕。黄帝小时候聪明过人，成年后成为部落首领[1]。他注重自身道德修养，希望建立一番功业。他善于军事布防，先后打败了不同部落。

黄帝率领部众在阪泉与炎帝交战了三次，最终打败炎帝。之后他将炎黄两个部落融合，形成华夏族，这就是现在常说的“炎黄子孙”的由来。后来，残暴的蚩（chī）尤[2]经常发动战乱，黄帝在涿（zhuō）州（今在河北的郊野与蚩尤大战，终于擒获并杀死蚩尤。

❷ 蚩尤

上古时代九黎部落的首领，据说蚩尤善于制造兵器，能征善战。

❸ 五谷

一般指五种谷物，稻、黍、稷、麦、菽。

黄帝平定天下后，制定了严格的律法，还设置左右大监，督察各诸侯国；他顺应天地四时的规律，推测气候变化；他带领百姓按照季节播种五谷[3]草木，驯养鸟兽蚕虫；他始制衣冠、制定历法、创立医学……

黄帝的妻子叫嫘（léi）祖，她是黄帝的正妃，育有两个儿子。黄帝死后，埋葬在桥山。黄帝在位期间，天下和乐安定。他统一华夏部落与征服东夷、九黎族的伟绩被载入史册。

妙文启示录

黄帝在位期间，播种五谷草木，大力发展生产，始制衣冠、制音律、创医学等，解决了人们生活中很多重大的问题，为我们今天的衣食住行奠定了基础。如果没有黄帝的这些贡献，中华文明的发展进程不知要延后多久。

以史为鉴

传说，蚩尤牛头人身，本领高强，铜头铁额，十分好战。蚩尤与黄帝两军战争的场面极具神话色彩，双方连打七十二仗，最后蚩尤战死，他的族人四散，大部分融入炎黄部落，成为华夏族的祖先。

趣解

《史记》

大禹治水

尧崩，帝舜问四岳曰：“有能成美尧之事者使居官？”皆曰：“伯禹为司空，可成美尧之功。”舜曰：“嗟，然！”命禹：“汝平水土，维是勉之！”

在生产力低下的上古时期，水患严重威胁着人们的生存。治水一直是个难题。鲧（gǔn）和禹先后治水，为何结果迥然不同？

1 鲧

禹的父亲，也曾治理水患。

大禹治水

禹，姓姒（sì），名文命。他的父亲是鲧[1]。禹是夏朝的开国之君，后世尊称其为夏禹，他最大的功绩是治理水患。

尧在位时，洪水[2]泛滥，民不聊生。最初，尧派鲧去治水，可是九年过去了，洪水依旧泛滥不息。后来，尧让位给了舜[3]，舜看到鲧治水没有取得成效，就把他流放到羽山。随后，舜又令鲧的儿子禹继续治水。

禹总结了父亲治水失败的教训，改革治水方法，以疏导河流为主，利用水向低处流的自然规律，凿山开渠，疏通九河。治水

❷ 洪水

因暴雨或融雪汇入河流而形成的高水位、高流速的水流。

❸ 舜

舜被尧立为继承人，被后世尊为五帝之一，是华夏文明的重要奠基人。

期间，禹翻山越岭，顺着山势砍削树木作为标识，拿着测量工具，确定高山大川的治理方向，规划水道的路径，把平地的积水导入江河，再把江河的水引入大海。黄河中游有一座大山叫龙门山，它阻塞了河水的去路。禹观察好地形后，就带领人开凿龙门山。经过大家的同心协力，山被凿开了，奔腾的黄河水从缺口咆哮而过，向下游流去。

禹在外治水十三年，就算经过家门，也不敢回家看一看，生怕耽误了治理水患的工作。他省吃俭用，居住简陋，把钱财都用在了治水事业上。经过十三年的辛苦治理，禹取得了成功，消除了中原洪水泛滥的灾祸。禹还根据地形把天下划分为九州，从此百姓安居乐业，天下安定太平。

妙文启示录

禹的父亲鲧和禹先后治水，但结果不同。禹为父亲鲧治水无功而受罚感到悲伤难过。从此，他不顾劳累，在外生活十三年，几次经过家门而不入，研究治水策略，最后成功治水，为百姓谋福。他不畏艰难、锲而不舍的精神，值得后人敬仰。

以史为鉴

尧勤俭奉公，关心百姓，访纳贤才，后来将首领位置禅让给舜，开创了上古时代的“禅让制”。舜又因禹治水有功，将首领位置禅让给禹。后世认为尧、舜、禹三人是上古贤王。这种禅让制，也反映了“任人唯贤”的思想。

趣解《史记》

武王伐纣

矜人臣以能，高天下以声，以为皆出己之下。

天资聪颖的商纣王为何最后沦落到自焚而死？咎由自取在他的身上得到了淋漓尽致的诠释……

❶ 妲己

商纣王的妃子。

武王伐纣

纣王，又名帝辛，是商朝末代君主。他在位时，好酒淫乐，作恶不止，特别宠爱妲己[1]。当时商朝国内矛盾不断激化，此时西边的周国不断强大起来。西伯侯姬昌是周国的君主，他去世后，他的儿子姬发继位，也就是日后的周武王。

周武王在姜尚、周公、召公等人的辅佐下，制定讨伐商朝的作战方针。当周武王率军东征，到达盟津时，背叛纣王前来与周武王会师的就有八百个诸侯。诸侯一致认为

❷ 比干

纣王的叔父，商朝著名忠臣。

❸ 萎靡不振

形容精神颓丧，不振作。

是时候收拾纣王了，但周武王觉得现在还不是最好的时机。

后来，周武王得知纣王逼得微子出走，箕子癫疯，竟然还挖了比干[2]的心，他认为时机已到，就率领诸侯征讨纣王。周武王派出军队向牧野进攻，与纣王的军队狭路相逢，两军拉开阵势。周武王的军队因训练有素，士气十足，越战越勇。而纣王的军队早已军心涣散，士兵个个萎靡不振[3]，有的士兵甚至临阵脱逃，商朝军队很快溃败。纣王见大势不好，慌忙逃进城内，登上鹿台，跳进火里自焚而死。

周武王赶到后，处死了妲己，将纣王的尸体示众，让百姓亲眼看看残酷暴君的可悲下场。自此，商朝灭亡。

妙文启示录

周武王是一个具有广阔心胸和长远眼光的人，他处事果断而有魄力。在伐纣过程中，周武王敏锐地发现商朝的弱点，亲自率兵直捣商朝都城朝歌，打了纣王一个措手不及。周朝建立后，周武王见周王朝统治并不稳定，果断地实行分封制，又推行了宗法制、井田制等制度，顺利稳定了周王朝的统治地位。

认史为鉴

牧野之战将商朝推向灭亡。纣王傲慢轻敌，认为周武王与商军交战简直是以卵击石。事实上，商军饱受虐待，早已对纣王恨之入骨。两军交锋时，商军纷纷倒戈投降。纣王作为统治者，不顾江山社稷，不行人道，有违天子的使命，简直天理难容，商朝在他的残暴治理下走向灭亡也是历史发展的必然趋势。

趣解

《史记》

赵国的覆灭

赵王既怒廉颇军多失亡，军数败，又反坚壁不敢战，而又闻秦反间之言，因使赵括代廉颇将以击秦。

秦国在统一天下的道路上，只有打败赵国才能加快步伐。公元前 262 年，秦赵长平之战爆发了……秦国能成功吗？

赵国的覆灭

公元前 262 年，秦国攻占了韩国野王，韩王派使者到秦国去求和，献出上党希望平息秦国的攻伐。但上党的郡守却不愿意降秦，他思索良久，决定把上党献给赵国，希望把赵国拉进对抗秦国的阵营。赵孝成王想接收上党，大臣平阳君赵豹反对他认为此举会把赵国拉进万劫不复之地，但平原君却认为赵国占了便宜，支持赵王接收上党。于是，赵王欣然接收了上党。

此举引起秦国不满，秦将王龁（hé）向长平发动进攻，赵将廉颇[1]迎战。秦兵攻势凶猛，想速战速决，廉颇修筑围墙营垒拉长战线，避而不战，双方僵持不下。秦军使出反间计，在赵国都城邯郸散播谣言说：“廉颇畏战，不足为惧，秦国最怕的是赵括[2]。”

赵王听到谣言后，果然中计，他立即换上赵括替代廉颇。秦王得知赵国换将，便换上了白起[3]。白起断掉赵国的粮道，又向赵军发动多次猛攻，打得赵军措手不及。赵括率兵强行突围，结果突围失败，被杀身亡。见此情形，赵军纷纷投降，但白起说：“赵军反复无常不可信。”于是活埋赵国四十多万降兵。赵国惨败，经过长平一战，赵国再无力量与秦国抗衡，就此走上了覆灭的道路。

1 廉颇

赵国大将，战国四大名将之一。

2 赵括

赵国名将赵奢之子，“纸上谈兵”说的就是他。

3 白起

秦国大将，战国四大名将之一。

妙文启示录

在长平之战中，赵军全军覆没，但是秦军也伤亡近二十万。此战役成为春秋战国时期规模最大、战况最为惨烈的战争。赵国原本是超级大国，却在此战后一蹶不振。如果赵王当初没有听信谣言换下廉颇，结局会怎样呢？

以史为鉴

俗话说“尺有所短，寸有所长”。在战场上，白起能够预料到敌情而随机应变，妙计也是层出不穷，名震天下。但在长平之战中，白起坑杀降军四十余万，实属残暴。

趣解

《史记》

秦灭六国

二十年，燕太子丹患秦兵至国，恐，使荆轲刺秦王。秦王觉之，体解轲以徇，而使王翦、辛胜攻燕。燕、代发兵击秦军，秦军破燕易水之西。

嬴政继位后，开始了横扫六国的征战。此时，六国合纵已被张仪破坏，秦军对六国的围堵绞杀在此刻拉开了序幕……

❶ 李牧

赵国大将，战国四大名将之一。

② 王翦

秦国大将，战国四大名将之一。

③ 王贲

名将王翦的儿子，也是秦灭六国中重要的大将。

④ 荆轲

战国时期著名刺客。

秦灭六国

在嬴政的励精图治下，秦国开始了横扫六国之战。

六国之中，韩国最弱，又离秦国很近。秦国奉行范雎（jū）的“远交近攻”政策，首先灭掉了韩国，并在韩地设置了颍川郡。

长平之战后，赵国元气大伤。公元前 229 年，秦军被赵国大将李牧[1]击败。秦国使出反间计，赵王中计，处死李牧。次年，王翦[2](jiǎn) 攻破邯郸，抓住赵王，赵国灭亡。

公元前 225 年，秦将王贲[3](bēn) 攻魏，水淹大梁三月，魏王投降，魏国灭亡。

秦国攻楚时，由于嬴政错信李信，导致秦军被项燕所率领的楚军击败。关键时刻，老将王翦出马力挽狂澜，大破楚军，致使楚国大将项燕自杀。王翦平定楚国的江南之地，设会稽郡，楚国灭亡。

燕国太子丹为了阻止嬴政统一天下的步伐，策划了历史上著名的刺杀行动——“荆轲[4]刺秦王”，但这次刺杀行动失败了。燕王喜只好杀了太子丹，向秦求和，但依然逃不掉被灭国的命运。公元前 222 年，燕国灭亡。

齐国虽为大国，但因为内政腐败，齐王昏庸无能，在秦军兵临城下时，不战而降，齐国灭亡。

至此，秦王嬴政灭掉六国，一统天下。

·妙文启示录·

在秦灭六国的历史中，涌现出了很多英雄人物，比如秦国主将王翦、赵国大将李牧、刺客荆轲、法家韩非等。他们在历史的长河中留下了永恒的印记。如果六国能够从始至终地贯彻苏秦的合纵政策，结局还会一样吗？

·以史为鉴·

二十二岁的嬴政亲掌秦国政权，三十九岁的嬴政兼并六国，一统天下，成就了雄伟霸业。这个时期的嬴政，胸怀理想，意气风发。而他所谋之事，可谓是前无古人，后无来者。

趣解

《史记》

霸王出世

秦始皇帝游会稽，渡浙江，梁与籍俱观。籍曰："彼可取而代也。"梁掩其口，曰："毋妄言，族矣！"

作为贵族之后的项羽，自小便有统率千军万马的远大志向。他曾坦言，自己能够取代秦始皇，"口出狂言"的项羽能否实现心中的抱负呢？

❶ 项燕

战国末楚将，屡建功勋。公元前224年在与秦军战斗时兵败被杀。一说自杀。

❷ 项梁

项羽的叔父，后死在战场上。

❸ 秦始皇

中国第一个称皇帝的君主。

霸王出世

公元前232年，项羽出生在楚国一个世代将门的贵族家庭，他的祖父是楚国大将项燕[1]。项羽是在项梁[2]的照顾下长大的，从小便在项梁的督促下习字、读书、练剑，但是无论学什么都半途而废。对此，项羽给出的解释是："在我看来，认字就是为了认识别人的名字，学剑术又不够大气，我想学习的是能够统率千军万马的兵法。"

后来，项梁因为杀了人，便带着项羽一起逃到吴中。项梁乐善好施，一来二去便成了吴中豪杰的头领。在秦始皇[3]巡游至钱塘江时，项梁与项羽前去围观。项羽看着秦始皇的巡游队伍，轻蔑地说："不过如此，我能够取代他。"

4 大泽乡起义

秦末农民起义。

项梁赶紧捂住了他的嘴，把他拉到一边去。

公元前 209 年，陈胜、吴广在大泽乡起义[4]，两个月内长江以北几乎全部造反。项梁与项羽杀掉了会稽郡的郡守，举兵反秦。叔侄二人很快招募了八千精兵，众人推举项梁当会稽郡守，项羽为副将。霸王项羽就此开始了他短暂而辉煌的军旅生涯。

妙文启示录

项羽对于学习非常不感兴趣，无论是认字、剑术、还是兵法，他都是半途而废。项羽不屑读书认字，这为他日后的失败埋下了伏笔。“书中自有颜如玉，书中自有黄金屋”，如果当时项羽能够多读书，明事理，也许就不会成为一个刚愎自用的“霸王”，把大好江山拱手丢给刘邦了。

以史为鉴

项羽趁秦末大乱之时发迹于民间，他只用了三年时间，就率领各路诸侯灭掉秦朝，划分天下土地，称王封侯。这在当时是从来都没有人能够达到的高度，可以说是“羽之神勇，千古无二”。

趣解

《史记》

高祖挥剑斩白蛇

高祖被酒，夜径泽中，令一人行前。行前者还报曰：“前有大蛇当径，愿还。”高祖醉，曰：“壮士行，何畏！”乃前，拔剑击斩蛇。

时任泗（sì）水亭长的刘邦，为人不羁，是当地有名的游侠。秦末暴政，百姓怨声载道。常言道，时势造英雄，谁能够结束这乱世呢？

❶ 亭长

秦朝官职，负责维护地方治安。

❷ 骊山

秦始皇陵墓选址地。

高祖挥剑斩白蛇

秦朝末年，刘邦担任泗水亭长[1]。某次，刘邦押送一批工匠去骊山[2]修建陵墓结果半路上不断有人逃跑，刘邦当时很怕不能交差。他将工匠们召集到一起，说“我知道你们怕有去无回，我决定放你们走，你们逃吧，自寻出路去。”工匠们非常感动，问他：“那您怎么交差？”刘邦说：“各安天命吧。”看到刘邦如此仗义，当时就有十几个人决意追随刘邦，随后他们一起逃入了山中。

某天晚上，刘邦与众人喝了酒，在山中小路行走，其中一人突然跑来对刘邦说：“我们换条路走吧，前面有条大蛇。”刘邦听罢，说：“不换，就走这里。他抽出宝剑，一剑就将挡路的大蛇斩成两段，随后继续前行。走了一会儿，刘邦就醉倒在路边。后面的人经过斩蛇的地方，看见一位老婆婆在那儿伤心痛哭

3 白帝

少昊，神话传说中五帝之一，掌管西方。

4 赤帝

火神祝融，上古神话中的人物。

便问缘由。老婆婆说：“我儿子被杀了。”众人又问：“是谁杀的？”老婆婆说：“我儿是白帝[3]之子，化作白蛇躺在此处，结果被赤帝[4]之子杀了。”众人见老婆婆疯疯癫癫的，并不相信她的话，便继续前行。待回头时，发现老婆婆不见了。刘邦醒后，众人将此事告诉刘邦，刘邦心中窃喜，认定自己是赤帝之子。而那些追随刘邦的人，也对他更加死心塌地了。

·妙文启示录·

“斩蛇起义”是刘邦建立汉朝之前的历史典故。讲述了刘邦在芒砀山斩蛇之后正式举起反抗秦暴政的义旗的故事。《史记》虽有记载，但此事太具神话色彩，所以普遍存在于艺术作品之中。许多皇帝为了体现自己的与众不同，总会塑造出一些神迹来证明自己当皇帝名正言顺。

·以史为鉴·

刘邦的性格在《史记》中是非常鲜活的，富有多面性。太史公曾描写刘邦的外貌：高鼻子，长着一副龙的容貌，有一把漂亮的胡须，左腿上有七十二颗黑痣。刘邦的传奇故事非常多，读来令人叹服。

趣解

《史记》

鸿门宴

交戟之卫士欲止不内，樊哙侧其盾以撞，卫士仆地，哙遂入，披帷西向立，瞋目视项王，头发上指，目眦尽裂。

刘邦率先西入，在函谷关设重兵把守，导致项羽入关时被拦截。在亚父范增的谏言下，项羽决心要杀掉刘邦。刘邦能否逃过此劫呢？

① 张良

刘邦手下第一谋士，汉初三杰之一。

② 樊哙

早年以屠狗为生，其妻子与刘邦的妻子吕雉是姐妹。是刘邦麾下最勇猛的战将。

鸿门宴

为了化解项羽的猜忌，刘邦带着张良[1]、樊哙[2]（kuài）以及多个随从到鸿门来拜见项羽。刘邦一见项羽就说："我们并肩作战抗击秦军。没想到，我先入了关。我日日盼着项王来，不知是谁搬弄是非，竟让您不信我。"项羽听罢，觉得自己真的误会了刘邦，于是说："是曹无伤说的，不然我怎会如此？"话毕，便设宴款待刘邦。

范增[3]深知，这是除掉刘邦最好的时机。于是，在宴饮之时，他连连举起手中的玉玦[4]（jué）暗示项羽除掉刘邦，但项羽都装作没看见。范增见项羽不动手，就找到项庄[5]，对他说："你进去找到合适的机会杀掉刘邦。"项庄走进来，假意说要为大家舞剑助兴，便拔出宝剑舞了起来。他多次舞到刘邦面前，试图刺杀他，刘邦命悬一线，项伯看出了项庄的意图，也跟着站起来，说："一个人舞剑多没意思，我来陪你。"于是，项伯一直挡在刘邦面前，不让项庄下手。

③ 范增

项羽手下谋士，后因离间计离开项羽，病死在回家的路上。

④ 玉玦

玉器的一种，环状带有缺口。

⑤ 项庄

项羽的堂兄弟。

张良见情形危急，马上去找樊哙。樊哙立即冲进营帐，怒视项羽说：“怀王有约，先入关者为关中王。如今沛公先入关，不但封存珍宝，还为您把守函谷关，大王不但不赏，还想杀他，您这是要走秦朝的老路吗？”项羽听罢，无言以对。

刘邦谎称要去厕所，准备逃跑。他吩咐张良善后，并说：“你估算我跑了二十里后，再告诉他们。”说完，便绝尘而去。至此，刘邦成功逃脱这场鸿门宴。

·妙文启示录·

鸿门宴中，多亏有张良与樊哙相助，刘邦才能够全身而退。张良作为刘邦手下第一谋士，在确定刘邦安全后，只身前往项羽大营，毫无惧色地与项羽周旋；而樊哙，更是在刘邦性命受到威胁之际，冲入大营，怒发冲冠地与项羽对峙。有这样的属下，刘邦真是幸运哪！

·以史为鉴·

一场宴席，英雄会聚，所有人各怀心思。整个鸿门宴中，恐怕最懵懂的应该是项羽了，他心怀对刘邦的愧疚，无视范增的频频暗示，在樊哙呵斥他之后，更觉得无地自容。如果他能听从范增的建议，历史会如何发展呢？

趣解《史记》

西楚霸王项羽

项王笑曰：“天之亡我，我何渡为！且籍与江东子弟八千人渡江而西，今无一人还，纵江东父兄怜而王我，我何面目见之？纵彼不言，籍独不愧于心乎？”

面对垓（gāi）下合围，项羽被逼入绝境。曾经叱咤风云的“西楚霸王”，落到如此境地，着实令人唏嘘。此时若东渡乌江能够暂避锋芒，项羽会如何选择呢？

1 彭越

汉初三大名将之一，后被吕后灭三族。

西楚霸王项羽

公元前202年，刘邦率兵追击项羽。刘邦和彭越[1]、韩信[2]约定合围项羽，但没想到彭越与韩信并未出战，刘邦只好据守固陵，不再出战。

刘邦问谋士张良："韩信和彭越不出战怎么办？"张良说："楚军眼看被灭，韩信和彭越却没有分到土地，自然不会参战。如果大王愿意与他们共分天下，他们马上就会来。"刘邦听后，马上派使者将分封之事告知二人，韩信和彭越听后表示马上出兵。

之后，众人齐聚垓下，合围项羽。项羽的军队在垓下驻扎，他们兵少粮缺，苦苦支撑着。一天夜里，项羽突然听到四周传来

2 韩信

西汉开国名将，
又初三杰之一。

3 乌骓

通体漆黑，唯有四蹄踏雪，是项羽的坐骑，此马在当时号称天下第一骏马。

了家乡楚地的歌声，以为汉军已经占领楚地，士气崩溃，项羽的宠姬虞姬为了不连累他自刎而死，悲伤至极的项羽带领几百个残兵突围，连夜奔逃。

汉军紧追其后，经过几轮的厮杀，项羽身边只剩下几十个骑兵。他们逃到了乌江边，恰好遇到撑船的乌江亭长，亭长劝项羽渡江保命，回到江东积蓄兵力，等待时机。项羽望着平静的江面，苦笑着说道："上天要亡我，渡江又能如何？当初我从家乡起兵，带领了江东八千子弟，如今无一人生还，纵使江东父老可怜我，我又有何脸面去见他们呢？"他把跟随自己多年的乌骓[3]马送给了亭长。项羽见汉军中有自己曾经的部下吕马童，便说："这不是我的老朋友吗？我听闻汉王以千金封邑（yì）悬赏我的人头，今日就成全你吧。"于是项羽便挥剑自刎。

一代霸王就此殒命，楚汉之争，刘邦获得了最终的胜利。

妙文启示录

项羽被逼至乌江边，放弃渡江自救，选择自刎于此。项羽一生自负，他宁可将自己的命运归咎于上天的旨意，也不愿自省兵败的缘由，故而选择自刎而不是东山再起，着实令人唏嘘。

以史为鉴

古往今来，关于项羽的失败，主要有以下几种观点：有勇无谋，只有匹夫之勇；太过残暴，失了民心；刚愎自用，不会用人，赶走了韩信，气死了范增，变成了无人相助的孤家寡人；背信弃义，杀义帝，分封不公，使诸侯们失望。杜牧曾言：“江东子弟多才俊，卷土重来未可知。”只是历史没有如果，项羽的性格决定了他的命运。

趣解

《史记》

文景之治

孝文皇帝临天下，通关梁，不异远方。除诽谤，去肉刑，赏赐长老，收恤孤独，以育群生。减嗜欲，不受献，不私其利也。

文景之治时期，国泰民安，轻徭薄赋，发展生产，天下殷富，这是中国封建王朝的第一个太平盛世。

❶ 刘邦

汉朝开国皇帝。

❷ 布帛

多指丝、麻、棉织物。

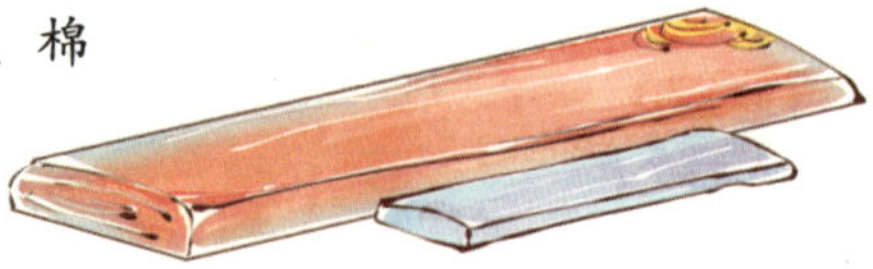

文景之治

代王刘恒是汉高祖刘邦[1]的第四个儿子，吕氏一族被诛灭后，他成为西汉王朝的第五位皇帝，史称汉文帝。

汉文帝登基后宽待天下。他封赏了诛吕有功的将相大臣，赐天下鳏（guān）寡孤独和穷人、

3 侍卫

古代官名，是武官，在帝王左右卫护。

4 封地

古代君王分封给王室成员及大臣、诸侯的土地。

老人每人一定数量的布帛[2]、粮食、肉。汉文帝重视农业生产，提倡以农为本，鼓励百姓多种地，他还亲自耕种，为百姓务农树立榜样；他带头裁减宫中各项支出，如侍卫[3]、车马。

汉景帝刘启继位后，继续推行“与民休息”的政策。他还强调要和百姓和平相处；在与强敌匈奴的关系上，采用和亲政策；对于潜在的反抗力量，通过各种手段削弱其势力，如削地封地[4]、平定七国之乱、打击豪强，进一步加强西汉王朝的集权统治。

汉文帝和汉景帝在位时期，汉朝社会安定，百姓富裕，国库丰盈，史称“文景之治”。

妙文启示录

在汉朝的统治下，统治阶级顺应历史发展的潮流，采取与时代相应的统治政策，符合当时社会的发展状况，因而促进了政治进步和经济繁荣，出现了中国历史上有名的盛世——文景之治。

以史为鉴

在中国历代帝王中刘恒是行事简朴、为人称道的贤明皇帝。他在位期间，没有增添车骑服御之物，屡次下诏禁止郡国贡献奇珍异宝，日常穿戴也是简朴粗衣……作为一个坐拥天下的皇帝，能时常怀感恩、谦恭之心，实在难得。

趣 解

《史记》

汉武帝的大一统思想

而上乡儒术，招贤良，赵绾、王臧等以文学为公卿，欲议古立明堂城南，以朝诸侯。

今时今日，儒家思想仍然在深刻影响着我们。儒学的创始人是孔子，他的思想为何在中国社会占据这么重要的地位？

1 赵绾

西汉儒生，推行独尊儒术，受到汉武帝重用，担任御史大夫一职。

2 三公

古代辅助国君掌握军政大权的最高官员。

汉武帝的大一统思想

汉武帝元年，汉朝建国已六十多年，此时天下安定。汉武帝崇尚儒家的学说，广招贤良，让所有郡县推举品学兼优之人，供朝廷择优录用。赵绾[1]（wǎn）、王臧（zāng）等人就是凭着出色的文章而位列三公[2]九卿的。可此时窦太后[3]的权势很大，她崇尚黄老学说，不喜欢儒家学术，于是派人私下干涉，最终将赵绾、王臧害死。儒家势力受到打击，汉武帝第一次兴起的“尊

③ 窦太后

汉文帝刘恒的皇后，汉武帝刘彻的祖母。

④ 公孙弘

汉武帝时丞相。

儒”便废止了。

六年后，窦太后去世，儒家势力再度崛起。主张清静无为的黄老思想已不能满足统治需要。次年，汉武帝征召贤良文学之士公孙弘[4]等人，继续推行儒家学说。在儒家学说的影响下，朝廷只任用讲儒学的人。儒家学说提倡仁政，反对当权者滥用权力、滥施刑罚。汉武帝宣布罢黜各地举荐的其他学说的贤良之士，重用信奉儒家学说之人。史称“罢黜百家，独尊儒术”。

这项政策实施后，官吏主要出自儒生，儒家逐步发展，儒家思想成为此后数代王朝的治国正统思想。虽然这样做不利于学术文化的发展，但在当时却有益于专制制度的加强和国家的统一。

·妙文启示录·

作为中国历史上一位著名的帝王，汉武帝在思想文化界实施“罢黜百家，独尊儒术”的政策，确立了儒家思想的正统与主导地位，使“大一统”思想成为封建社会的一种主流意识形态。

·以史为鉴·

汉武帝文韬武略，崇尚儒学，将儒家思想和治国理念相结合，这一决策影响了中国几千年的社会发展。然而，他也曾大搞迷信活动，热衷于封禅和郊祀，多次巡游各地。汉武帝晚年时期，社会矛盾日益尖锐，农民起义频繁，还爆发了“巫蛊之祸”，这场由巫术引起的政治事件，牵连了朝中众多大臣，掀起了一阵腥风血雨，实在是令人叹息。

·趣解中国传统文化·

趣解

史记

贤臣良将

张峥 编

翰墨漫童 绘

吉林出版集团股份有限公司

全国百佳图书出版单位

图书在版编目（CIP）数据

趣解《史记》. 贤臣良将 / 张峥编 ; 翰墨漫童绘. -- 长春 : 吉林出版集团股份有限公司, 2023.1

ISBN 978-7-5731-2588-0

Ⅰ. ①趣… Ⅱ. ①张… ②翰… Ⅲ. ①《史记》—儿童读物 Ⅳ. ①K204.2-49

中国版本图书馆CIP数据核字（2022）第188478号

目录

趣解

《史记》

伯夷、叔齐采薇而食

武王已平殷乱，天下宗周，而伯夷、叔齐耻之，义不食周粟，隐于首阳山，采薇而食之。

伯夷和叔齐都是孤竹国君的儿子，兄弟二人先后离开自己的国家。为了阻止战争的爆发，他们拦住武王冒死谏言；为了践行心中大义，他们决心不做周朝臣民……

① 姬昌

西伯侯姬昌，周朝奠基者，岐周（今陕西岐山）人。

伯夷、叔齐采薇而食

伯夷与叔齐是孤竹国君的儿子，两人都是十分贤能的人。孤竹国君更看重叔齐，希望他能够继承国君之位。但叔齐十分抗拒，他认为应该长幼有序，奉规行事。为了能够让弟弟叔齐安心继位，伯夷离开了孤竹国。叔齐知道哥哥出走后，也离开了孤竹国。

2 武王

周武王姬发，姬昌的嫡次子，岐周人，西周开国君主。

3 薇

一种野菜 。多年生草本植物，结荚果，荚中有种子五六粒，可食。嫩茎和叶可做蔬菜。通称“巢菜”“大巢菜”“野豌豆”。

兄弟二人在渤海之滨重逢，听闻西伯侯姬昌[1]是很贤明的人，便决定一起去投奔。但到达后，兄弟二人得知他已经去世，其子武王[2]继位。他们路遇武王讨伐商朝的军队，便上前劝阻武王：“您讨伐君主，是为不忠；父亲去世不好好安葬，是为不孝。希望您不要行不忠不孝之事，赶快撤兵。”但武王决心已定，二人阻止失败。

武王灭掉商朝，建立周朝。伯夷和叔齐不满武王伐纣的行为，便一起隐居在首阳山，发誓再不食周粟。他们每天采薇[3]而食，最后饿死在了首阳山上。伯夷、叔齐虽然已经死了，但他们用自己的方式维护了心中的大义。

妙文启示录

伯夷、叔齐采薇而食的故事自古以来备受赞誉。世人对伯夷、叔齐的评价极高，认为他们是品格高尚的贤者。《论语》《孟子》《庄子》中，都对他们有所描写。尤其孔子，对二人行为大加赞赏，认为他们是抱节守志之人。

以史为鉴

伯夷、叔齐宁死不食周粟的故事千古流传。他们爱国守志、仁义礼让的高尚品格，是中华民族的宝贵财富。伯夷、叔齐采薇而食的故事让人感叹古人为了守护心中大义宁可舍弃生命的可贵品质。

趣解

史记

孙膑围魏救赵

其后魏伐赵，赵急，请救于齐。齐威王欲将孙膑，膑辞谢曰：“刑余之人不可。”于是乃以田忌为将，而孙子为师，居辎车中，坐为计谋。

魏国攻打赵国，兵临邯郸城下，情况十分紧急。赵国向齐国求助，齐威王派出田忌与孙膑（bìn）前去救援。面对此等危局，孙膑能够化解吗？

❶ 孙武

《孙子兵法》的作者。

❷ 庞涓

魏国名将，后败给孙膑。

❸ 田忌

齐国大将。

孙膑围魏救赵

孙膑是孙武[1]的后人，曾与庞涓[2]一同学习兵法。后来，庞涓在魏国做将军，他认为自己的才能比不上孙膑，便把孙膑骗到魏国设计陷害，挖掉了孙膑的膝盖骨。庞涓想用这样的办法让孙膑不敢出现在别人面前，隐藏他的才能。后来，齐国使者来到魏国，发现了孙膑的军事才能，便偷偷把他带回齐国。田忌[3]十分欣赏孙膑，将他待为上客。

魏国攻打赵国，赵王向齐国求助。齐威王想让孙膑担任主将，但被孙膑以自己是受刑之

人为由拒绝了。于是，齐威王任命田忌为主将，孙膑担任军师辅助田忌。

田忌打算直奔赵国，孙膑听后说：“魏、赵两国交战，魏国定是派出精锐大军。此时魏国国内兵力空虚，不如我们率兵攻打魏国都城大梁，魏国定是要回兵自救的。如此一来，我们既解了赵国之围，又能消耗魏军兵力。”田忌听后，连连点头称赞。

田忌听从孙膑的建议，攻打大梁。果然，魏军匆忙班师回朝，路过桂陵时，遇到埋伏在这儿的齐军，魏军大败。孙膑的这一计策既解了赵国之围，又力挫了魏军锐气。

妙文启示录

围魏救赵是孙膑使出的非常绝妙的计谋。此战精彩之处在于用逆向思维，直抵事物的本质，从根本上解决了问题，一招制胜。孙膑使用围魏救赵的办法来解赵国之围，在中国历史上留下了精彩的一笔，后来围魏救赵被列为三十六计中的一计。这种避实就虚的打法极具战略思维，被历代军事家们赞赏。

以史为鉴

孙膑是孙武的后代，精通兵法。他被庞涓骗到魏国，遭受了一系列酷刑，导致终身残疾。孙膑是有大智慧的人，面对战争，他能够运筹帷幄，力挫敌人。但是在与人交往方面，孙膑却太过天真，最后被奸人所害，实属不该。

趣解

史记

白起一战成名

昭王十三年，而白起为左庶长，将而击韩之新城。是岁，穰侯相秦，举任鄙以为汉中守。其明年，白起为左更，攻韩、魏于伊阙，斩首二十四万，又虏其将公孙喜，拔五城。

白起首次出征便大获全胜，韩国不甘心就这样被打败，于是寻求魏国帮助。两国联盟在伊阙与秦军交战，面对韩魏联盟人数上的优势，白起要如何应对呢？

❶ 秦昭王

秦昭王又称秦昭襄王，是秦国在位时间最长的国君。

白起一战成名

秦昭王[1]继位后，秦国大有称霸之势。韩、魏地处中原要塞，曾经联手攻打秦国，迫使秦割地求和。对于日渐强盛的秦国来说，报仇雪恨已经提上日程。

公元前 294 年，白起以左庶长[2]的身份指挥新城之战，初次展示了自

② 左庶长

爵位名，战国秦置。二十等爵制中的第十级。

③ 公孙喜

又称犀武，魏国大将。

己的军事才能。韩国寻求魏国的帮助，组成了韩、魏联盟迎战秦军。此时，秦国任用白起为主将。在韩、魏还在商议由谁做先锋的时候，白起已经做好了战略部署。

白起抽调一小部分兵力对付韩军，却故意营造出声势浩大的样子，使得韩国不敢轻举妄动。同时，白起率主力军绕至魏军后方，攻其不备，魏军还没摆开作战阵形就已溃败。秦军前后夹击，韩军无人支援，兵败如山倒。这一战，秦国俘虏了魏军主帅公孙喜[3]，韩、魏二十四万联军几乎全部被消灭。

这次白起一战成名，从此以后，成为战场上的常胜将军。

妙文启示录

白起素以深通韬略著称，在伊阙之战中，白起大破韩、魏二十四万联军，彻底开辟出了秦军的东进之路。秦军人数不及韩、魏联军一半，但白起利用两国各怀心思这一点，成功偷袭魏军，继而全歼敌军。这是一次著名的以少胜多的战役，也是白起指挥的著名战役之一。

以史为鉴

白起熟知兵法，善于用兵，屡立战功。其中最为人诟病的可能就是他的“心狠手辣”。细数《史记》中白起的战绩：斩首二十四万、斩首十三万、沉其卒二万人于河中、斩首虏四十五万……据考证，战国时期共战死两百万人，而白起一人斩杀人数就有一百余万人，“杀神”之称名副其实。

趣解《史记》

孟尝君好客养士

孟尝君在薛，招致诸侯宾客及亡人有罪者，皆归孟尝君。孟尝君舍业厚遇之，以故倾天下之士。食客数千人，无贵贱一与文等。

战国时期，孟尝君招揽各路人才，他的门客众多。某天孟尝君宴请门客，一个门客认为自己吃的饭与孟尝君不同，便对孟尝君大加指责……

❶ 豢养

本义是喂养牲畜，引申为收买、利用等，此处指通过金钱将可用之人留在自己身边 。

❷ 门客

依附官贵人家求富贵、建功业之人，战国时期养客之风最甚。

孟尝君好客养士

战国四君子之一的孟尝君田文，在薛邑豢（huàn）养[1]了数千名门客[2]。他对来投靠的门客来者不拒，哪怕是犯罪逃亡之人，孟尝君也愿意给予他们丰厚的待遇。因此，孟尝君盛名在外，天下贤能之人都想为他效力。

孟尝君接待门客的时候，总是会安排侍吏[3]记录自己与门客之间的对话内容，同时也会记载门客亲人的住处。待谈话结束后，孟尝君就会派使者到门客亲人家中送上礼物。有一次，孟尝君宴请门客，因为灯光昏暗，有个门客便认为孟尝君吃的东西与自己不同，放下碗筷就要离开。孟尝君马上站起来，端着自己的饭食给那个门客看，门客看后十分惭愧，便自刎（wěn）谢罪了。

有一次，孟尝君被软禁在了秦国，秦国大臣想除掉他。孟尝君向秦王的宠妃燕姬求助，燕姬想要孟尝君献给秦王的那件天下独一无二的狐狸皮袍子作为报酬，可东西已经送给秦王了，如何拿回来呢？正在孟尝君发愁的时候，一个门客站了出来。这个门客擅长爬狗洞偷东西，他把这件狐狸皮袍子偷来送给了燕姬，她得了这件宝贝，就哄劝秦王把孟尝君放回去，秦王答应了。

③ 侍吏

古代官职，服务于贵族人士。

孟尝君怕秦王反悔，就带着门客逃往函谷关。可是赶到关口时，天还没亮。只有等到鸡鸣天亮，城门才开。孟尝君有个门客擅长学鸡叫，他便学鸡叫了几声，全城的鸡也跟着叫了。守门的士兵以为天快要亮了，便打开城门。就这样，孟尝君靠这群“鸡鸣狗盗”的门客，成功脱险，逃回齐国。孟尝君对待门客没有亲疏之别，都给予优厚的待遇，所有门客都认为孟尝君与自己最亲近，都愿死心塌地追随他。

妙文启示录

孟尝君被秦昭襄王扣留时，一食客装狗偷得狐白裘献给昭王爱妾，才让孟尝君被说情放走。当孟尝君逃至函谷关的时候，昭王反悔，又得另一食客装鸡鸣叫骗得城门大开，才让孟尝君逃回齐国。太史公认为孟尝君是鸡鸣狗盗之辈，但无论如何，从孟尝君豢养三千门客到落难被门客搭救，都说明了一件事儿：朋友多了路好走。

以史为鉴

世人都称道孟尝君招揽人才不论身份、不论才学。孟尝君身上有很多典故，非常有名的就是“鸡鸣狗盗”和“狡兔三窟”，王安石便认为孟尝君是“鸡鸣狗盗”的首领，不算是贤才。但正是因为孟尝君大量豢养门客，才能让他从秦国逃了出来。由此说来，看人看事，都有其两面性。

趣解

《史记》

廉颇负荆请罪

廉颇闻之，肉袒负荆，因宾客至蔺相如门谢罪。曰：“鄙贱之人，不知将军宽之至此也。”卒相与欢，为刎颈之交。

因不满蔺相如的地位在自己之上，廉颇扬言如果见到蔺相如，一定要当面羞辱他。蔺相如听说后，便避开与廉颇相见，这种行为使得蔺相如的门客十分不解……

① 完璧归赵

指蔺相如将和氏璧完好地从秦国送回到赵国，后指将物品完好地归还给本人。

② 渑池之会

秦昭襄王与赵惠文王的会谈。

③ 上卿

古代官名，最尊贵者为“上卿”。

④ 荆棘

原指两种植物：荆和棘。因为它们常混生，所以叫荆棘。

廉颇负荆请罪

蔺相如因为“完璧归赵”[1]被封为上大夫不久之后，又在渑（miǎn）池之会[2]上维护了赵王的尊严，因此被擢升为上卿[3]，地位在廉颇之上。廉颇很不服气，便对别人说：“我出生入死地保卫国家，蔺相如只是动动唇舌，地位就在我之上了！要是让我见到他，我一定要当众羞辱他！”

蔺相如听说之后，每次上朝的时候都称病不去。有一次，蔺相如出门看见了廉颇，便马上掉转车头离开。蔺相如的门客们十分不理解，蔺相如便解释说：“秦国之所以不敢攻打赵国，正是因为赵国有我们二人哪！如若让秦国知道我们水火不容，岂不是合了他们的心意？我躲避廉颇，只是为了顾全国家大局。”廉颇听说这些话后，感到十分惭愧，便身背荆棘[4]到蔺相如家中请罪（当时廉颇背负荆条，表示承认自己的罪行，请求蔺相如的责罚和原谅，也表示了廉颇诚恳的认错态度）。廉颇说：“我是个粗鄙之人，还是您的胸怀宽广！”二人从此冰释前嫌，成为患难与共的好友。

·妙文启示录·

当蔺相如手持璧玉斜视庭柱，在渑池阿斥秦王与群臣的时候，他以一人之魄力压倒敌国，让秦王都为之恐惧。但当蔺相如面对廉颇的挑衅时，他为了国家大局谦逊退让，使得廉颇也被他的气度所感化，由此上演了历史上有名的“负荆请罪”。真正的强者，一定是胸襟宽广，能屈能伸的，而不是只权衡眼前的利益得失。

·以史为鉴·

蔺相如的一生有三个事迹为大家所熟知，那就是“完璧归赵”“负荆请罪”和“将相和”。他的勇气与智慧，谋略与胸襟，历来为人称道。长平之战换将一事，蔺相如屡次劝谏，赵王却不听，致使赵国走上了覆灭之路，令人扼腕叹息。就连太史公也称赞蔺相如“其处智勇，可谓兼之矣！”

趣解

史记

屈原投江明志

屈原至于江滨，被发行吟泽畔。颜色憔悴，形容枯槁。渔父见而问之曰：“子非三闾大夫欤？何故而至此？”屈原曰：“举世混浊而我独清，众人皆醉而我独醒，是以见放。”

楚国令尹子兰向楚顷襄王进献谗言，导致屈原被一贬再贬。此时的屈原万念俱灰，他来到江边，在此遇到了一位老者……

屈原

❶ 子兰

战国时期楚国令尹。

❷ 流放

将犯罪之人放逐到边远地区。

❸ 三闾大夫

楚国官职，掌管三大姓的宗族事物。

❹ 汨罗江

位于湖南岳阳。

屈原投江明志

公元前 296 年，楚怀王不顾屈原的劝阻，听信子兰[1]的鼓动前往秦国赴约，结果客死异乡。楚国很多人因此怨恨子兰，屈原也是如此。太子继位，即楚顷襄王。在楚怀王在位时，屈原因被奸臣诬陷，而被罢免了官职，流放[2]在外。但屈原一心为国，关怀君王，希望楚顷襄王让自己返回朝廷，为国效力。子兰听说被流放的屈原对自己怀恨在心，便在楚顷襄王面前诋毁屈原。于是，楚顷襄王把屈原流放到更远的地方。

屈原报国无门，心如死灰，独自来到江边。此时，一老者经过，便问屈原：“您是三闾（lǘ）大夫[3]吗？怎么沦落至此？”屈原说：“众人皆醉我独醒。因此，我才被流放至此。”老翁说：“您为何不顺应时势呢？”屈原说：“谁会愿意让自己的清白之身受到玷污？我宁愿葬身鱼腹，也不愿与世俗同流合污！”

悲愤交织的屈原，创作了流传千古的《怀沙》，在完成这部大作之后，屈原怀抱石头，自沉于汨（mì）罗江[4]，以死明志。

妙文启示录

传说，屈原投汨罗江而不沉，直至衣裤装满泥沙才沉下去。屈原被放逐时，仍然日夜为祖国命运而忧心，担忧处于战乱之中的同胞。但心有家国的屈原却被楚王所弃。奈何楚王无道，近小人而远贤臣，这样的国家，灭亡也是注定的。

以史为鉴

太史公被屈原坚贞不屈的品质和忧国忧民的爱国情怀所感染。他感慨屈原不懂得曲意逢迎，若是游侍诸侯，任何国家都会愿意接纳他的。但以今时今日的视角来看，正是因为屈原这种坚贞不屈的高洁品质和忧国忧民的爱国情怀，才让他能够名流千古，被后人传颂至今。

趣解

《史记》

张仪纵横捭阖

张仪既相秦，为文檄告楚相曰：“始吾从若饮，我不盗而璧，若笞我。若善守汝国，我顾且盗而城！”

苏秦的合纵使得秦国在扩张的道路上不得不放缓脚步，甚至一度进入了十分艰难的境地。就在此时，苏秦的好友张仪出世，立志要成就一番事业。面对好友苏秦的合纵，张仪会如何应对呢？

① 苏秦

战国时期著名的纵横家。

② 秦惠王

又称秦惠文王，为秦统一打下坚实基础。

张仪纵横捭阖

苏秦[1]的合纵抗秦战略成功帮助六国制约住了秦国。但此时苏秦做出了一个错误的决定，他把张仪送到了秦国。张仪到达秦国后马上向秦惠王[2]提出了应对合纵的策略。

张仪的应对策略就是在六国合纵中找到薄弱环节，破坏整个合纵。他的第一个目标就是魏国。秦国派张仪去魏国任职，魏襄王任命张仪为魏国相国。张仪游说魏襄王背叛合纵，却并未说动他。魏襄王去世后，魏哀王[3]继位。张仪见游说不成，便对魏国实行军事打击，他暗令秦国讨伐魏国，致使魏国大败。第二年，齐国又来攻打魏国，魏军大败。魏国连续吃败仗，使得魏王惊骇不已，

❸ 魏哀王

魏国第四任国君。

无奈之下，魏国背叛合纵的其他五国，与秦国结盟。

继魏国之后，张仪游说楚国背叛盟约，但是最终没有成功。之后苏秦的合纵策略因为齐、魏的背叛而最终失败。

妙文启示录

张仪能够破坏合纵，苏秦功不可没。苏秦在张仪背后默默地资助他，使张仪能到秦国大展拳脚。他资助张仪的行为颇有些“以己之矛，攻己之盾”的意味。辛苦合纵，却因张仪满盘皆输，不知苏秦心里作何想法。

以史为鉴

在秦惠王时期，张仪不仅使秦国在外交上屡屡获得胜利，而且帮助秦国开疆拓土，实现领土扩张。可以说，张仪为秦国的强大和之后的统一大业立下了汗马功劳。作为成功的纵横家，张仪开创了新的局面，他的辞令和外交技巧为后世的外交家们提供了教科书式的典范。

趣解

《史记》

荆轲刺秦王

秦王复击轲，轲被八创。轲自知事不就，倚柱而笑，箕踞以骂曰：“事所以不成者，以欲生劫之，必得约契以报太子也。”

为了阻止秦国消灭六国的步伐，燕太子丹找到了游侠荆轲，恳求他能够去刺杀秦王。在燕太子丹的游说下，荆轲同意前往。他带着樊於期的首级和燕国地图前往秦国……

❶ 燕太子丹

战国末年燕王喜太子。名丹。

❷ 田光

燕国的勇士，为激励荆轲，证明自己的忠诚，他自刎而亡。

❸ 樊於期

原为秦国将领，后因兵败逃亡至燕国。

荆轲刺秦王

燕太子丹[1]眼看秦国将要吞并六国，唯恐灾难到来，心中十分忧虑。在田光[2]的引荐下，太子丹结交了荆轲。几次拜会之后，荆轲表示愿意帮助太子丹刺杀秦王嬴政。

荆轲花重金买通了嬴政的宠臣，得到了嬴政的接见。见面当日，荆轲捧着樊於（wū）期（jī）[3]的首级，将匕首藏于燕国地图中。嬴政对荆轲说："把燕国地图拿上来。"荆轲将地图献上，嬴政缓缓展开，待地图展至最后时，荆轲将藏在里面的匕首拔了出来，刺向嬴政。嬴政大惊，起身就跑，荆轲一击未中，只扯断了嬴政的衣袖。嬴政慌忙拔剑，无奈剑鞘过长，很难拔出。大臣们被吓得都没来得及反应。二人围着柱子，一跑一追，眼看嬴政就要被追上，这时有人大喊："大王，快把剑推到背后去拔！"嬴政这才把剑拔出来了。

嬴政剑长，荆轲刃短。嬴政接连攻击，荆轲被刺伤。荆轲自知大势已去，倚在柱子上说："这次刺杀行动之所以没有成功，是因为我想活捉你，让你订立归还诸侯土地的契约！"话毕，荆轲便被侍卫们刺死了。

荆轲

妙文启示录

荆轲并不能真正挽救燕国危亡，阻止秦国统一天下的步伐。但在司马迁笔下，他被塑造成了一个勇于反抗压迫的勇士。荆轲刺秦王的意义已经远远超越了这件事本身，他一腔孤勇的行为被后世传颂至今。

以史为鉴

荆轲可以说是一个勇于献身的英雄人物。秦始皇在横扫六国的过程中，对六国人民也造成了不可磨灭的伤害。荆轲作为燕国民意的代表，其行为是具有正义性的。他行刺秦王不为报私仇，也不仅仅是为太子丹，而是为了所有饱受战争磨难的人民。

趣解

《史记》

李斯受到重用

会韩人郑国来间秦，以作注溉渠，已而觉。秦宗室大臣皆言秦王曰：“诸侯人来事秦者，大抵为其主游间于秦耳，请一切逐客。”李斯议亦在逐中。

李斯好不容易在秦国站稳了脚跟，可因为“间谍事件”，眼看就要被秦始皇下的一道“逐客令”赶出秦国。此时的李斯会乖乖离开吗？他会如何应对呢？

❶ 客卿

古代官职，战国时期非本国人而在本国做高级官员的人。

❷ 由余

春秋时期晋国人，帮助秦穆公成为霸主的大臣之一。

李斯受到重用

韩国人郑国以修渠为名，来秦国做间谍。不久，郑国身份暴露，此举引起了秦国贵族与大臣的不满，他们劝秦王："从各国来侍奉大王的人，都是为自己国家牟利的，请大王把他们赶出去。"秦王听了，觉得很有道理，于是便下了一道"逐客令"。

而李斯就在被驱逐的客卿[1]之中，他上书秦王说："听说从前秦穆公求贤，在西方的戎（róng）请来由余[2]，在东

❸ 百里奚

春秋时代政治家。

❹ 蹇叔

春秋时期秦国上大夫，百里奚的好友。

❺ 丕豹

晋国大夫丕郑的儿子，后投奔秦国。

方的楚国请来百里奚[3]，从宋国迎来蹇(jiǎn)叔[4]，从晋国迎来丕(pī)豹[5]和公孙支。穆公任用这几人，使国家强盛。孝公重用商鞅，使得国家殷实富足。秦惠王任用张仪，瓦解了六国合纵。秦昭襄王得范雎，使得秦国奠定了一统天下的基业。这四位君主都是依靠了客卿的力量，这些客卿有哪一点对不起秦国？”

秦王看到后，深受触动，立即废除了逐客令，并恢复了李斯的官职，采用他的计谋，他的官位也因此升到了廷尉。

妙文启示录

李斯一生都在谋算他人，却未曾想过自己也会被赵高陷害致死。在咸阳当街问斩之日，李斯同他的儿子一起被押解刑场时，对他的儿子说：“我想再次和你牵着黄狗去蔡东门抓兔子，现在看来是不可能的了。”此时此刻的李斯，风烛残年，落魄至此，实在令人唏嘘。

以史为鉴

李斯随荀子学习帝王之术，以一介小巷之民的身份在诸侯国间游历，来到秦国，辅佐秦始皇，完成了横扫六国的大业。太史公认为，李斯身居高位，应当时时奉劝君主政治清明，以民为本。但是李斯却对秦始皇阿谀奉承，推行酷刑，而后又与赵高联手，逼死扶苏，扶植胡亥。其所作所为令后人所不齿，他的结局也是咎由自取的。

趣解

《史记》

蒙恬抵御匈奴

秦已并天下，乃使蒙恬将三十万众北逐戎、狄，收河南。筑长城，因地形，用制险塞，起临洮，至辽东，延袤万余里。

匈奴常年进犯骚扰，使秦国百姓倍感不安。秦始皇派蒙恬率领三十万大军去消灭匈奴，面对狡猾的匈奴，蒙恬会怎么做呢？

① 匈奴

古时居住于北方的游牧民族。

② 秦始皇

嬴政，中国第一位皇帝。

蒙恬抵御匈奴

秦国一统天下后，边境不时受到匈奴[1]骚扰，秦始皇[2]命蒙恬率三十万大军北击匈奴。

公元前 215 年，夏秋之际，蒙恬自上郡出发，进入河套北部；而另一队秦兵则进入河套南部。两军交会，合围匈奴，获得重大胜利。战至初冬，蒙恬已将河套地区的匈奴全部肃清，残余的匈奴势力向北方渡河逃亡。蒙恬将兵线推至黄河南岸，以备来年作战。

公元前 214 年，蒙恬将大军一分为二，一支军队渡过黄河攻击高阙与狼山，另一支则进入贺兰山脉。匈奴见蒙恬大军来势汹汹，便向北逃亡，原本属于赵国和秦国的、被匈奴占领的土地全部被秦国收复。

为了保护秦朝都城咸阳的安全，蒙恬从此开始了十年的戍（shù）边[3]生涯。在戍边期间，蒙恬对北部山川地貌进行深入了解，也为日后反击匈奴做了充分的准备。

③ 戍边

守卫边疆要塞之地。

妙文启示录

北击匈奴是秦朝南北扩张的重要一环，秦国此举为中国统一多民族中央集权国家格局的实现奠定了基础。这一战，使匈奴“不敢南下而牧马”。可惜的是，这位秦朝第一大将没有战死疆场，而是枉死于赵高、李斯之手。

以史为鉴

太史公认为，蒙恬身为秦国名将，应该劝阻秦始皇休养生息，赈灾救济百姓，赡养老人，养育孤儿，以百姓安定生活为己任。但蒙恬却迎合秦始皇的心意，大规模地修建长城。倘若蒙恬真的去赈济百姓，养育孤儿，他的命运又会如何呢？

趣解

《史记》

韩信功高震主

韩信谢曰："臣事项王，官不过郎中，位不过执戟，言不听，画不用，故背楚而归汉。汉王授我上将军印，予我数万众，解衣衣我，推食食我，言听计用，故吾得以至于此。夫人深亲信我，我背之不祥。虽死不易！幸为信谢项王。"

楚汉相争进入到僵持阶段，此时能够决定这场战争局势的唯有韩信。项羽派人游说韩信归楚，作为项羽从前的老部下，韩信会同意吗？

① 龙且

西楚霸王项羽手下名将。

② 执戟

秦汉时期的宫廷侍卫官，因值勤时手持戟，故名执戟。

③ 蒯通

曾为韩信谋士，献灭齐与三分天下之计。

韩信功高震主

在楚汉战争中，韩信一路高歌猛进，灭掉了许多国家。在与齐国交战时，韩信杀掉了龙且[1]。此时，项羽终于意识到了韩信的厉害。于是，项羽派武涉前去游说韩信加入自己的阵营。

武涉见到韩信后便说：“如今，您若站在汉王一边，汉王便会胜；若是您站在项王一边，项王就会胜。如果今日，项王被灭掉了，下一个被灭掉的就会是您了。您为何不与项王联手，三分天下自立为王呢？”

韩信听后，伤感地说：“我跟随项王的时候，只不过是个郎中，职位只是个执戟（jǐ）[2]。我说的话没人听，我的计谋没人用，所以我才投奔汉王。汉王赐我上将军的印信，把几万人马交给我，赐我美食珍馐和金银珠宝，所以我才能有今天，我是不会背叛汉王的。”

武涉游说失败后，蒯（kuǎi）通[3]又来劝说韩信，他认为韩信功劳过大，会被刘邦忌惮。韩信虽然犹豫，但仍然不忍背叛刘邦，于是没有听从蒯通的谏言。汉朝建立后，韩信虽成为“汉初三杰”之一，最后却被吕后和萧何联手绞杀。

韩信

·妙文启示录·

楚汉之争时，因为感念刘邦的知遇之恩，所以面对项羽的说客，韩信不为所动，可以看出他是个有忠义精神的人。乱世需武将，治世需文臣，汉朝建立之后，韩信由于功高震主，遭到了刘邦的忌惮。最终韩信被吕后与萧何设计诱入宫中杀死。想起当初萧何向刘邦推荐韩信，真是应了那句“成也萧何，败也萧何”。

·以史为鉴·

韩信是中国战争史上最擅长灵活用兵的将领。他作为军事家为后世献上了大量的经典战术：明修栈道，暗度陈仓、背水一战、十面埋伏、四面楚歌等。韩信一生戎马，叱咤战场，却逃不过“狡兔死走狗烹”的命运，若是当初他能够仔细琢磨武涉的话，也许结局就会不同。

·趣解中国传统文化·

趣解

史记

先贤思想

张峥 编
翰墨漫童 绘

吉林出版集团股份有限公司
全国百佳图书出版单位

图书在版编目（CIP）数据

趣解《史记》. 先贤思想 / 张峥编；翰墨漫童绘. --
长春：吉林出版集团股份有限公司, 2023.1
ISBN 978-7-5731-2588-0

Ⅰ. ①趣… Ⅱ. ①张… ②翰… Ⅲ. ①《史记》—儿童
读物 Ⅳ. ①K204.2-49

中国版本图书馆CIP数据核字（2022）第188480号

趣解《史记》(全3卷)
QUJIE SHIJI QUAN 3 JUAN

编　　者：张　峥
绘　　者：翰墨漫童
责任编辑：矫黎晗　孙　婷
封面设计：翰墨漫童
出　　版：吉林出版集团股份有限公司
发　　行：吉林出版集团青少年书刊发行有限公司
地　　址：吉林省长春市福祉大路5788号
电　　话：0431-81629808
印　　刷：唐山玺鸣印务有限公司
版　　次：2023年1月第1版
印　　次：2023年1月第1次印刷
开　　本：750mm × 960mm　　1/12
印　　张：12
字　　数：150千字
书　　号：ISBN 978-7-5731-2588-0
定　　价：128.00元（全3卷）

目录

趣解

《史记》

至圣先师孔子

孔子以诗书礼乐教，弟子盖三千焉，身通六艺者七十有二人。

“三人行，必有我师焉。”这句是《论语》中的经典名言，影响了许多人，它教人提升修养，虚心向别人学习。虽然孔子的一生并非一帆风顺，但他依然不忘初心，坚持有教无类的教学理念，培育了大量的人才，成为我国古代伟大的思想家、教育家。

❶ **叔梁纥**

孔子的父亲，晚年再娶了颜姓女子，生了孔子。

❷ **典籍**

泛指古代图书。

至圣先师孔子

孔子，名丘，字仲尼，春秋末期鲁国人。父亲名叫叔梁纥[1]（hé），母亲颜氏，出身贫寒。

孔子从小受到周朝传统文化影响，对各种礼仪非常感兴趣，还阅读了大量鲁国的典籍[2]。

孔子出身低贱，没有资格做官。所以

《诗经》

中国第一部
诗歌总集。

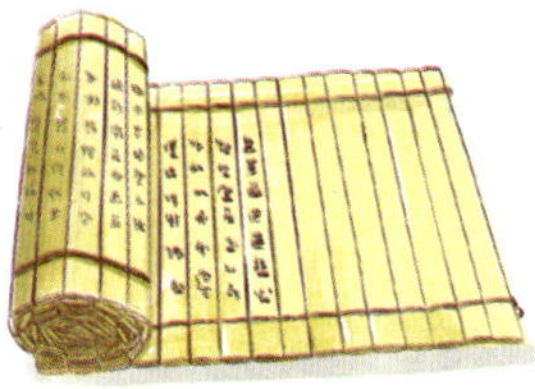

4 颜回

字子渊，春秋时期鲁国人。年少时拜孔子为师，是孔子最得意的弟子。

决定走“曲线从政”的道路，先办私塾，收徒讲学，扩大自己的影响力。孔子主张对不同的人要采取不同的教育方法，一些渴望读书的寒门子弟纷纷前来拜师。

孔子还当过鲁国的代理相国，他表现出了出色的外交才干。之后孔子与他的弟子们到处游说诸侯，这便是历史上著名的“孔子周游列国”。

这番游说没有取得什么效果，心灰意冷的孔子回到鲁国，他把全部精力放在整理古代文化典籍和私学教育上。他将鲁国史官记录的《春秋》加以删改，还整理了《诗经》[3]《周易》等古籍。孔子的弟子遍布天下，著名的有颜回[4]、子路、子贡等人。他和弟子的谈话语录和思想后来被整理为《论语》一书。

公元前 479 年，孔子去世，享年 73 岁。

妙文启示录

孔子创立了儒家学派，被后世尊称为孔圣人、至圣、至圣先师。他的思想对中国和世界都有深远的影响，他被列为“世界十大文化名人”之首。《论语》被奉为儒家经典，被视为中国人的智慧宝藏。

以史为鉴

司马迁在《史记》中给予孔子很高的评价：“尽管不能回到孔子的时代，然而内心非常向往……孔子是一个平民，他的名声和学说已经传了十余代，读书人仍然尊他为宗师。”

趣解

《史记》

亚圣孟子

天下方务于合从连衡，以攻伐为贤，而孟轲乃述唐、虞、三代之德，是以所如者不合。退而与万章之徒序《诗》《书》，述仲尼之意，作孟子七篇。

当一个国家连年处在战火纷飞、动荡不安中时，这个国家的统治者是会选择先富国强兵平天下，还是以民为本发展经济？

① 孔伋

字子思，鲁国人，孔子的嫡孙，孔子弟子曾参的学生，春秋时期著名的思想家。

亚圣孟子

孟子，名轲，字子舆（yú），战国时期邹国人。

相传孟子的老师是孔子的孙子孔伋[1]（jí）的徒弟，他得到了孔子的真传。孟子仰慕孔子的学问和为人，想和他一样去周游列国，宣传自己的治国理念。

生活在战乱不息的战国时期，孟子目睹了战争给人民带来的苦难，于是提出“王道”理论，告诫统治者要实施仁政，爱惜百姓。

2 商鞅

战国时期的政治家，法家代表人物，秦国的大臣，是出并主持“商鞅变法”，使得秦国走上富强之路。

3 《孟子》

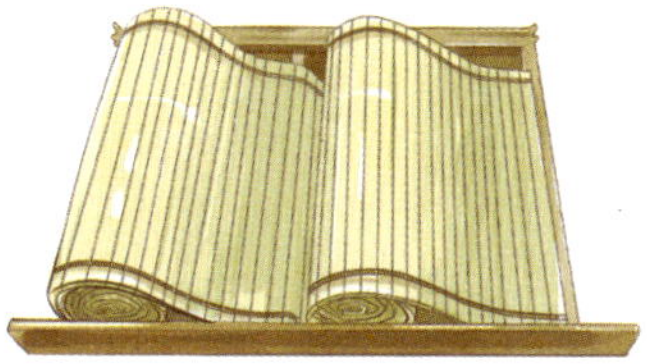

儒家经典之一，四书中篇幅最长、部头最重的一本，是古代科举考试必考的内容。

孟子到齐国游说，齐宣王没任用他。而后他到了魏国，梁惠王认为他的理论空泛而不切实际。当时的秦国任用商鞅[2]，通过变法变得强盛，魏国和楚国也曾用法家的思想治理国家。那时，天下战乱纷纷，诸侯之间相互兼并，各诸侯国正力求合纵连横，孟子的思想不符合各国的统治需求和实际情况。所以，孟子的政治主张没有受到各诸侯国国君的推崇。

于是，孟子回到家乡与弟子万章等人将自己的治国思想、政治策略等整理成书，现存七篇，后世命名为《孟子》[3]。

·妙文启示录·

孟子一生主张“仁政”，提倡“民为贵，社稷次之，君为轻”，认为君主要保障人民的利益，重视、爱护人民。因此，天命在于民心而不在于君主，若君主昏庸，人民便可推翻他；但若君主贤明，人民便拥护他。

·以史为鉴·

孟子是我国古代著名的思想家、教育家，他是儒家学派的继承者，儒家的重要代表人物。可惜，他生不逢时，在战火纷飞的战国时代，他的才华和思想不被认可和接受。如果生于和平时期，或许他的倾世之才会有很大的用武之地。但值得庆幸的是，他将经典巨著《孟子》留给了世人。

趣解

《史记》

法家代表人物商鞅

明日，秦人皆趋令。行之十年，秦民大悦，道不拾遗，山无盗贼，家给人足。民勇于公战，怯于私斗，乡邑大治。

历史上，任何一次变法，都不仅仅是一种治国方略的重新选择，而且是一种利益关系的重新调整。

① 公叔痤

战国时期魏国相国，曾举荐过商鞅。

② 秦孝公

战国时期秦国国君，在位期间重用商鞅实行变法，加强中央集权。

法家代表人物商鞅

商鞅，卫国人，姬姓，公孙氏，名鞅，本名公孙鞅，人们也称他为卫鞅或商君。

商鞅年轻时对法家学说很感兴趣，曾在魏国相国公叔痤[1]（cuó）手下做官。后来，公叔痤病逝，商鞅听说秦国在招募人才，便来到秦国，见到了秦孝公[2]。前两次见面，秦孝公对他说的话一点儿也不感兴趣。到第三次面谈，秦孝公被商鞅提出的富国强兵的想法所吸引。不久，秦孝公同意商鞅变法。商鞅一共进行了两次变法，内容包括：废除井田制[3]；奖励军功；废除分封，推行县制；推行什伍连坐制；鼓励小农生产，抑制商业。

自商鞅变法后，秦国经济快速发展，日渐强大，在与各诸侯国的战争中经常得胜。

秦孝公去世后，被变法侵害利益的大臣们诬告商鞅谋反，秦惠王派人逮捕他。在逃亡的路上，商鞅想住客栈，但因为商

❸ 井田制

一种土地制度，在中国的奴隶社会时期，土地被划作井字形，因而得名“井田制”。

鞅变法规定住店要身份证明，他不能证明身份，所以遭店家拒绝。

商鞅无奈又跑到魏国，但魏国对他早已恨之入骨，没有收留他。他只好回到自己在秦国的封地商邑。商鞅发动士兵，抵抗秦军，但最后还是被秦国的军队抓获处死。

妙文启示录

战国时期的秦国成为战国七雄之首，这与商鞅变法的贡献密不可分。商鞅变法顺应了历史发展的潮流，持续时间较长、涉及面较广、改革较为彻底，使秦国国富兵强，为之后的秦始皇一统天下奠定了基础。

以史为鉴

战国初期，秦国的国力远不如东方各国。秦孝公继位后，决心变法图强。他与商鞅的想法不谋而合，进行了两次变法，这也是他卓有成效的为政举措。可惜，作为变法的重要参与者，商鞅却落得一个悲惨的下场，不由令人唏嘘。

趣解

《史记》

道家创始人老子

老子修道德，其学以自隐无名为务。居周久之，见周之衰，乃遂去。至关，关令尹喜曰：“子将隐矣，强为我著书。”于是老子乃著书上下篇，言道德之意五千余言而去，莫知其所终。

世上学习老子学说的人，往往排斥儒学；推崇儒家学说的人，又往往排斥老子的学说。“道不同不相为谋”，难道说的就是这种情况吗？

❶ 紫气东来

古代象征着吉祥的预兆。

道家创始人老子

老子，姓李，名耳，曾经担任过周朝管理藏书的史官。

老子学识广博，声名远扬，孔子也曾向他求教。老子传授他乐律、乐理，他们由宗礼谈到人生、宇宙，这番谈话让孔子受益匪浅。

孔子回去后对弟子们说：“鸟儿，我知道它能飞；鱼儿，我知道它能游……至于龙，

❷ 尹喜

周朝大夫、大将

、哲学家。

❸ 《道德经》

道家的主要

经典。

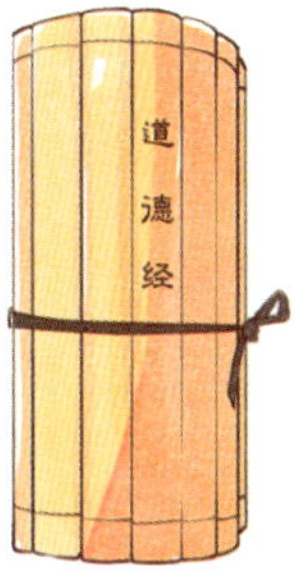

我知道它能驾着风云飞腾升天。我今天见到老子，他是那样神秘莫测、知识渊博，他大概就像一条龙吧！”

后来，周朝衰落，老子便离开了。老子骑着青牛经过函谷关，关口紫气东来[1]。守关的将领尹喜[2]久闻老子大名，请求老子著书后再离开。于是，老子就著述了五千多字的《道德经》[3]，分为上下两篇，论述了道德的本意，里面的思想，比如“无为而治”“顺其自然”等为后人推崇。

老子认为宇宙中的一切事物都遵循“道”的规律，认为“道生一，一生二，二生三，三生万物”。老子的辩证思想也是中国哲学史上的一个突破，他认为万事万物可以互相转化，任何事物都不是一成不变的。“祸兮，福之所倚；福兮，祸之所伏。”

妙文启示录

“无为而治”出自《道德经》，是老子提出的道家治国理念。无为而治不是什么都不做，而是不做过多的干预，在遵循客观规律的前提下，让百姓充分发挥创造力。历史上有名的太平盛世都是在道家思想的指导下达成的。

以史为鉴

有人说老子大概活到了一百六十岁，也有人说他活到了二百多岁，据说老子长寿的原因是他能修养德行。他修养德行的方法都有助于养心健身、延年益寿。丰富自己的思想世界，提升精神力量，修炼内功，达到外邪而不入，百毒而不侵的境界，怎能不利于长寿？

趣解

《史记》

智慧的化身庄子

庄子者，蒙人也，名周。周尝为蒙漆园吏，与梁惠王、齐宣王同时。其学无所不窥，然其要本归于老子之言。

作为道家学派的代表人物，庄子继承了老子“天道自然”的思想。老子认为道的本性是自然无为，这一思想也为庄子所继承。

❶ 官吏

古时对官府工作人员的总称。

❷ 楚威王

战国时期的楚国国君。

❸ 《逍遥游》

《庄子》一书的名篇，体现了庄子的人生追求。

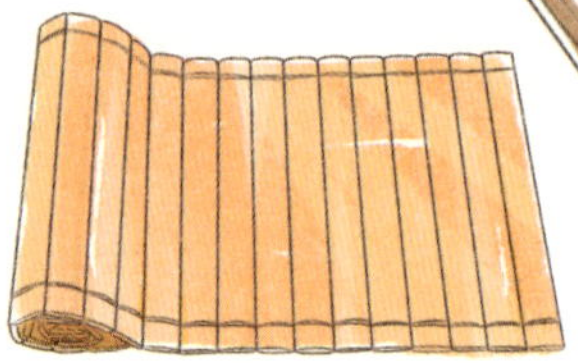

智慧的化身庄子

庄子名周，战国时期蒙地人，出身于没落贵族家庭。他学识渊博，曾做过蒙地漆园的官吏[1]，后来因厌恶官场，不再为官。

楚威王[2]听说庄子才学很高，就派使者带着厚礼请他去做相国。当时庄子正在河边钓鱼，他头也不回地对使者说：“您没见过天子祭祀时用的牛吗？喂养多年，最后披上绸缎被送去当祭品。您说，它是想做一头自由的牛，还是成为祭品受到供奉？您请回吧。”庄子以此为由拒绝了楚威王的高官厚禄。

庄子的思想是以老子的学说为基础发展而来的，他的著作大多是托词寄意的寓言，其中的《渔父》《盗跖》等篇，都是用来阐述老子学说的。庄子的文章想象丰富奇特，语言运用自如，被收录于《庄子》一书，代表作有《逍遥游》[3]等名篇。

·妙文启示录·

庄子虽一生贫苦，却不愿入仕为官。他认为，自由自在既是动物的本性，也是人的本性，更是人的理想状态。因此，他拒绝做楚国的相国。庄子哲学的目的在于达到“天地与我并生，而万物与我为一”的境界。

·以史为鉴·

庄子对中国古代哲学的发展有很大影响，中国传统士大夫常出入于儒、道之间，追求“身在庙堂之上，心在山林之中”的境界，他们所追求的这种境界就是庄子哲学思想所追求的自由自在、无拘无束的状态。

趣解

《史记》

法家集大成者韩非

然韩非知说之难，为《说难》书甚具，终死于秦，不能自脱。

出身于贵族之家的韩非，才华超众，却得不到施展才华的机会，最后被人陷害，死在狱中，他的一生悲惨而短暂，令人叹息……

1 李斯

战国末楚国上蔡人，秦朝著名政治家。

法家集大成者韩非

韩非出生于战国后期韩国的贵族家庭，他爱好法家的说。韩非不善言谈，却擅长著书立说。他和李斯[1]都是荀子的学生，出师后，李斯去了秦国，而韩非回到了韩国。

当时的韩国，国力衰落，韩非屡次上书规谏韩王，但王根本不听。韩非痛心疾首，他怒其不争，哀其不幸。他结考察历史上治理国家的经验教训，写下《孤愤》《五蠹》《林》《说难》等多篇著作，作品后来集成了《韩非子》[3]一书

❷ 荀子

战国末期赵国思想家、教育家。

❸《韩非子》

集先秦法家学说大成的代表作。

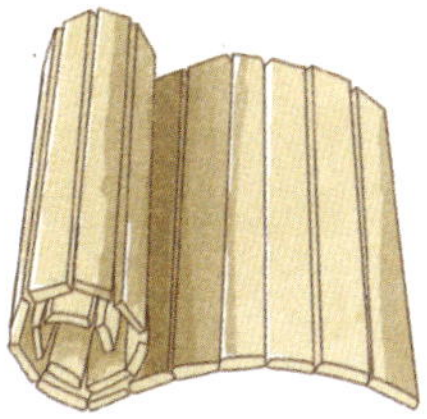

有人把韩非的书传到秦国，秦王赞叹不已。后来，秦国攻打韩国，情急之下，韩王派韩非出使秦国。秦王很喜欢韩非，李斯深知自己的才能不如韩非，担心一旦秦王重用了韩非，自己的地位难保。于是，李斯趁机诋毁韩非说：“韩非是韩国的宗室，最终还是会帮助韩国而非秦国。日后必定是祸患，不如趁早杀掉他。”

秦王认为有道理，就把韩非关入监狱。后来，秦王后悔了，派人去放免韩非，可惜李斯早已派人毒死韩非，一代名家就这样冤死在狱中。

妙文启示录

韩非是法家思想之集大成者，集商鞅的“法”、申不害的“术”和慎到的“势”于一体。韩非主张以法治国，为后世留下了大量著作，其学说一直是中国封建社会时期统治阶级治国的思想基础之一。

以史为鉴

李斯曾拜荀卿为师，荀子的思想很接近法家的主张。李斯的一生，绝大部分时间都在实践着法家学说。他以卓越的政治才能和远见，辅助秦王完成了统一大业。然而，他因一己之私陷害韩非，实在是小人之为。

趣解《史记》

百世兵家之师孙子

于是阖庐知孙子能用兵，卒以为将。西破强楚，入郢，北威齐、晋，显名诸侯，孙子与有力焉。

“不战而屈人之兵，善之善者也。”这是《孙子兵法》的经典名句。孙子作为一代兵学鼻祖，他的思想曾影响了后世无数战争的军事决策和王朝的命运走向。孙子的思想在今天仍然具有重要的意义……

① 《孙子兵法》

中国古代最著名的兵书。

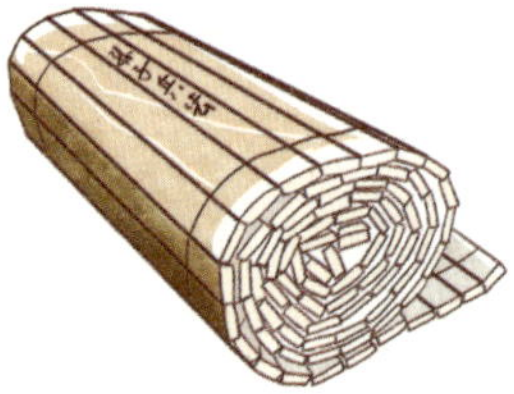

② 操演

操练和演习军队。

百世兵家之师孙子

孙子，名武，春秋末期齐国人。孙武自幼聪慧过人，喜欢研习兵法战略。

孙武来到吴国后，潜心研究兵法，其间结识了伍子胥（xū）。伍子胥向吴王阖闾举荐孙武。公元前 512 年，孙武将自己写的十三篇兵法当作见面礼献给了吴王，后世称《孙子兵法》[1]。吴王阖闾看后大加赞赏，并选出一百八十个美女交由孙武操演[2]。孙武竟将这批美女操练得整齐划一。吴王看出他是个军事奇才，封他为将军，命他讨伐楚国。

公元前 506 年，孙武和伍子胥带领吴国军队出征伐楚，他们巧用计谋，赢得柏举之战，取得了中国战争史上为数不多的以少胜多的光辉战绩。这场战争重创楚国，令吴国雄起。

③ 艾陵之战

公元前 484 年吴国在艾陵地区打败齐国军队的一次著名战役。

吴王阖闾去世后，夫差继承王位。孙武提出要先恢复国力，扩充军入再战。公元前 494 年，越王勾践进攻吴国，孙武亲自指挥吴军，力挫越军。孙武布置很多“诈兵”，偷袭越军，最后逼得勾践投降。孙武帮助吴王夫差在艾陵之战[3]中战胜齐国，确定了吴王夫差的霸主地位。

孙武的《孙子兵法》对当时以及后世的许多战役都起到极其重要的指导作用。

·妙文启示录·

《孙子兵法》为后世兵法家所推崇，被誉为“兵学圣典”。它在中国乃至世界军事史、军事学术史和哲学思想史上都占有极为重要的地位，并在政治、经济、军事、文化、哲学等领域被广泛运用。《孙子兵法》被译为日文、法文、德文、英文等多种语言，是世界著名的兵学典范之书。

·以史为鉴·

孙武在军事科学中概括和总结出了丰富的哲学道理，也因此确立了他与孔子、老子并列的地位。虽然他的军事理论也有不足之处，但远远超出了同时代的兵法著作。

趣 解

《史记》

五行学说创始人邹衍

驺衍睹有国者益淫侈，不能尚德，若《大雅》整之于身，施及黎庶矣。

中医有时会用五行来说明生理病理上的种种现象，认为人的五脏六腑与五行有对应关系。可你知道吗，五行的说法竟出自战国时期，最后还形成一种学说……

❶ 五行

指木、火、土、金、水五种物质。五行对我国古代医学、天文、历法等的发展有一定作用。

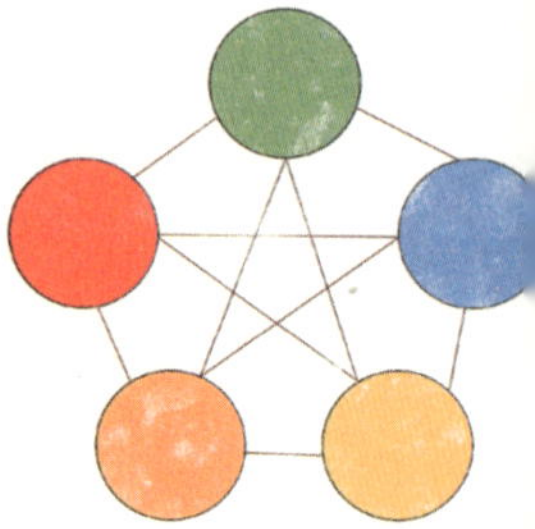

五行学说创始人邹衍

邹衍，战国末期齐国人，是五行[1]学说的创始人。

建立于阴阳基础上的“五德终始说”是五行学说的核心理论。邹衍认为木生火、火生土、土生金、金生水、水生木是“五行相生”的转化形式同时，又存在着土克水、水克火、火克金、金克木木克土的“五行相克”的对立关系。历代帝王的更替都正好与五行相生相克配合。邹衍还提出“

❷ 平原君

赵胜，号平原君，战国时赵国贵族，战国四公子之一。

❸ 燕昭王

战国时燕国国君，在位时，敬请邹衍以师长身份给自己授业。

九州说”，他认为儒家所说的中原，不过是天下的八十一分之一罢了。中原称作“赤县神州”，赤县神州内又有九州，这是夏禹所分的九州，但不是真正的九州。而在中原外，像赤县神州这样的地方还有九个，大海环绕在外面，九州连起来就是整个天下，这才是邹衍所说的九州。

邹衍的学说在当时备受统治者推崇，他在游说时也受到很高的礼遇。魏国梁惠王亲自到郊外迎接他；赵国的平原君❷为他拂拭席位；燕国燕昭王❸拿着扫帚清扫道路，以表示对他的尊敬。

后来，燕、齐两国形势紧张，燕惠王排斥邹衍，将他逮捕入狱。当日，外面竟然下起了鹅毛大雪。等到被平冤之后，邹衍才被燕国释放。

妙文启示录

邹衍的阴阳五行思想对后世哲学、医学、历法、建筑等领域影响很大。但他把王朝的兴衰归结于天意，这种观点成为支持“君权神授”学说的理论框架，忽视了历史变革的社会和经济等其他因素，难免存在一定的狭隘性和迷信成分。

以史为鉴

邹衍到燕国，受到燕昭王很高的礼遇。可到了燕昭王的儿子燕惠王继位后，燕惠王对邹衍心生怀疑，让邹衍含冤入狱。邹衍在两代君王面前竟遭遇如此天差地别的待遇。好在燕惠王后来幡然醒悟，将邹衍释放。看来没有一帆风顺的人生，盛极一时的邹衍，也难逃大起大落的人生。

趣 解

《史记》

远交近攻的范雎

乃拜范雎为客卿，谋兵事。卒听范雎谋，使五大夫绾伐魏，拔怀。后二岁，拔邢丘。

战国时期，著名的政治家、纵横家范雎，曾屈于人下、受尽屈辱，甚至险些丢掉性命。范雎如何死里逃生，为自己开启全新的人生篇章呢？

❶ 须贾

战国时期魏国中大夫，因与秦国一代名相范雎的恩怨而闻名。

❷ 使臣

奉使命往来不同国家间的官员。

❸ 穰侯

魏冉，号曰穰侯，战国时秦国重臣。

远交近攻的范雎

范雎，字叔，战国时魏国人，著名的军事家、谋略家。

范雎曾周游列国无果，后在魏国中大夫须贾❶门下谋了
差事。一次，他随须贾到齐国办事，因受到齐襄王的赏识
遭到须贾的嫉妒。回国后，他被须贾诬陷通齐，并受到魏
相国魏齐的惩罚，险些丢了性命。范雎死里逃生，被魏国
郑安平救下，并举荐给秦国使臣❷王稷，从此改名叫张禄。

此时，秦昭王已即位三十六年，穰（ráng）侯❸、华阳
是昭王母亲宣太后的弟弟，他们的家私已超过国库，并且想
过韩国和魏国去攻打齐国来扩大自己的封地。范雎为此事上

谏秦昭王，秦昭王读后心中大喜，宣范雎进宫。

“如今韩国和魏国并不友好，穰侯却要越过国和魏国去进攻齐国，并非良策。不如结交远，攻伐近国。亲近楚国和赵国，齐国就会亲附国。”范雎说。

秦昭王听后觉得很有道理，便重用范雎。后范雎便开始拉拢韩国和魏国。之后范雎又劝谏昭王削弱宣太后的势力。至此，范雎深得秦王信任，被任命为相国。

妙文启示录

起伏跌宕的人生经历往往能使人涅槃重生。范雎作为一个小小门客，曾遭人贬低侮辱，历尽千辛万苦，但他能忍辱负重，最终找到施展个人才华的大好平台，成为秦国历史上继往开来的一代名相，被后人称为“谋略祖师”。

以史为鉴

秦昭王在位时间是秦国历代君王中最长的。他在政治、军事等方面都取得了卓越的成就，尤其是他重用范雎，充分运用其远交近攻的策略，为秦国的发展做出杰出的贡献。

趣解

《史记》

神医扁鹊

扁鹊名闻天下。过邯郸，闻贵妇人，即为带下医；过雒阳，闻周人爱老人，即为耳目痹医；来入咸阳，闻秦人爱小儿，即为小儿医；随俗为变。

行医济苍生，悬壶救万民。在医疗条件和技术不发达的古代，扁鹊穿梭于各国之间，不为功名利禄，只为救死扶伤。他医德高尚，具有钻研精神，一直是后人学习的榜样，因此被百姓尊称为“神医”。

❶ 长桑君

战国时期的神医。

❷ 石针

中国石器时代产生和应用的一种医疗工具。

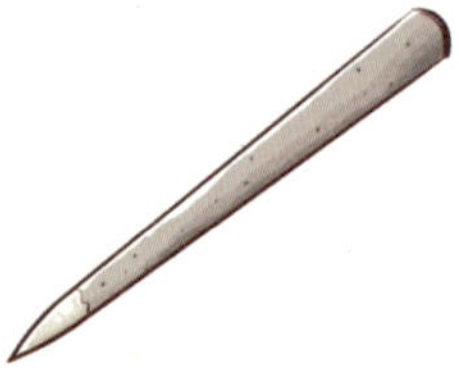

神医扁鹊

扁鹊，姓秦，名越人。他年少时结识了长桑君[1]，长桑君传授给了他一份独家秘方，
鹊按照长桑君的方法服药后，居然能看到人体的疾病所在，从此他用诊脉来诊断人的疾病。扁鹊医术高超，并提出“六不治”原则。

有一次，他到了晋国，碰巧赵简子病重，昏迷了五天。大夫们都很害怕，于是叫来扁鹊

3 三阳五会穴

经穴名，又称百会穴。在头部，后发际正中上7寸，两耳尖直上，头顶正中。

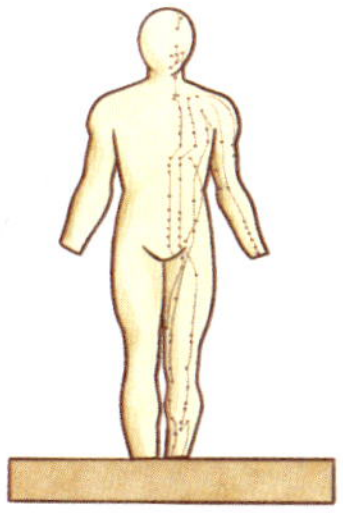

4 太医令

古代医官职称。秦置，在汉代太医令为掌管国家医药的最高官职，之后朝代亦有所沿用。

鹊询问病情并诊脉后，说：“他的血脉正常，不用担心。”不久后，赵简子果然醒了过来。

扁鹊路过虢（guó）国时，刚巧虢国太子“死”去不足半日。扁鹊询问并查看太子的情况后，断言太子没有死，只是得了“尸厥症”。于是，他让弟子子阳磨石针[2]，在太子的三阳五会穴[3]处扎下针。过了一会儿，太子苏醒过来。扁鹊又让他服了20天的药，他竟彻底痊愈了。从此，人们赞叹扁鹊有“起死回生”之术。

扁鹊经过齐国时，为田齐桓公看病，但田齐桓公固执己见，不听扁鹊的劝言，最后因病情深入骨髓而死。

扁鹊名声传遍天下，他根据各地的习俗改变医治科目。秦国的太医令[4]李醯（xī）自知医术不如扁鹊，担心扁鹊会威胁自己地位，便派人杀害了扁鹊。

如今，中医在诊脉时，都遵从扁鹊独创的“望、闻、问、切”的治疗方法。

妙文启示录

扁鹊看病行医有“六不治”原则：一是骄狂放纵，不讲道理；二是轻视身体而看重钱财；三是衣着饮食调节不当；四是阴阳错乱，五脏失去正常功能；五是形体太弱而不能承受药物；六是相信巫术而不相信医生。以上这些原则，在当今社会的就医环境里，无论对医生还是患者，都有指导和学习价值。

以史为鉴

如果李醯没有因一己之私将扁鹊害死，或许扁鹊会在医学领域为人类做出更多的贡献，造福更多百姓。扁鹊的结局实在是人类医学领域的巨大损失。也由此可见，李醯心胸狭隘，做人格局太小，生生将一代名医的性命给断送了。

趣解

《史记》

周礼治国

成王少，周初定天下，周公恐诸侯畔周，公乃摄行政当国。

周朝建立不久，天下还未完全平定，此时武王病逝，而成王年幼，西周将如何度过这段内外交困的时期？

❶ 周成王

西周王朝的第二位君主。

❷ 礼乐

包括礼仪和音乐，是中国古代文明重要的组成部分。

周礼治国

周公，名姬旦，亦称叔旦，是周文王的儿子，周武王的弟弟，封国于鲁。

周文王在位时，身为儿子的周公非常孝顺。到周武王继位后，周公又尽心辅佐他。周武王逝世后，周成王[1]年幼，还
有能力处理朝政，周公便亲自摄政，治理天下。在兴周灭商的过程中，周公一直是辅佐父兄夺取天下的得力帮手。

天下安定后，周朝的官职制度尚未完善，周公明确制定划分了各级官吏的职责。之后周公便开始制礼作乐。他阅读
量书籍，从历史中借鉴经验，寻访贤士和百姓。经过大量准备工作，周公将上古至殷商的礼乐[2]进行大规模的整理和改造，

❸ 《周礼》

一部通过官制来表达治国方案的著作，内容丰富，记载先秦时期社会生活的方方面面。

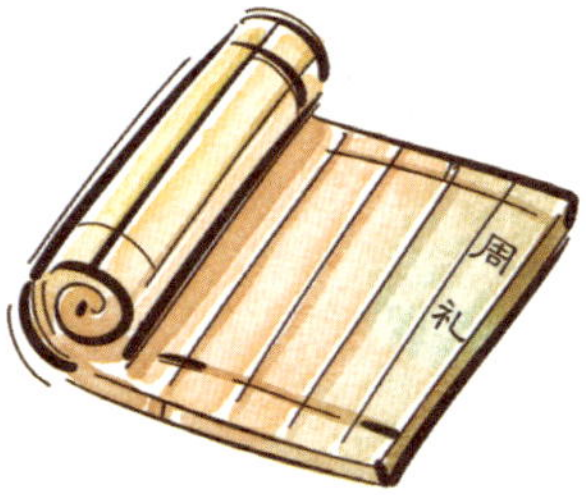

创建一套具有可操作性的礼乐制度。比如，周公将日常生活中的祭祀、丧葬、饮食、起居等都纳入“礼”的范畴，并在全国范围内推行礼乐之制。这套完备的制度主要见于“三礼”，即《周礼》[3]《仪礼》《礼记》。

礼乐之治完成后，周朝进入稳定发展时期，周公便还政于周成王，结束了他的摄政时代。周公制定的各项根本性的典章制度为周朝八百年的统治奠定了基础。

妙文启示录

西周初期，国弱君幼，周公没有辜负父亲与兄长的嘱托，挑起了治国的重任。他平叛乱、封诸侯、制礼乐，尽心尽力地让周王朝走向平稳发展之路。他制定的制度，为周朝八百年的统治奠定了坚实的基础。

以史为鉴

用礼乐制度治理国家，是周公极大的贡献，这不仅规范了当时的社会，还使华夏民族进入了文明时代。周公摄政时期，制定的各方面根本性的典章制度，完善了宗法制度、分封制度、嫡长子继承制和井田制，这些制度让政治和伦理融合在一起，对西周后世的封建社会产生了深远影响。